Lo Último

CAJA DE HERRAMIENTAS
PARA EL MINISTERIO

Alcanzando a Los Niños del Mundo

Daniel King

All rights reserved under International Copyright Law. Contents and/or cover may not be reproduced in whole or in part in any form without the express written consent of the author.

Alcanzando a los Niños Del Mundo Para Cristo

ISBN: 1-931810-31-1

Copyright: 2016

Daniel King - King Ministries International
PO Box 701113
Tulsa, OK 74170 USA
1-877-431-4276
daniel@kingministries.com
www.kingministries.com

Contenido:

Introducción	5
Alcanzando los niños del mundo para Cristo	7
Técnicas Innovadoras para ministrarle a los niños	11
Ilustraciones con objetos visuales	15
Como Guiar a los niños en adoración	23
Tiempo Para Juegos	29
Una base bíblica para el ministerio de niños	33
Desarrollando una visión	39
Versículos Memorizados	43
Como Guiar a los niños al Señor Jesús Cristo	47
Herramientas creativas:	
Payaseando para Cristo	53
Presentando Dramas	55
Usando personajes disfrazados	57
Presentando títeres poderosos	59

Caja de Herramientas para el Ministerio

Introducción

Ministrar a los niños es un maravilloso privilegio. Es una inversión en la eternidad. Estamos en una carrera de relevo. Tenemos que pasar la unción a la siguiente generación. Tenemos que ser diligentes a no dejar caer la batuta.

Yo todavía recuerdo mi pastor dándome la bienvenida al entrar a la iglesia de niños cuando yo tenía 6 años. El Pastor se llamaba John Tasch. El sembró en mi espíritu una visión de asombrosa cantidad. Él estaba totalmente dedicado a su llamado y era evidente. El fruto de su ministerio continúa en mi vida tanto como en la vida tantos otros niños que ya han crecido. Él siempre se hacía esta pregunta."¿Dónde puedo mejor invertir mi vida en los próximos veinte años para tener el máximo efecto en el reino de los cielos?" ¿Su respuesta? "El Ministerio de Niños!"

Mis padres, Roberto y Susana King, fueron otra significante fuente de inspiración en mi vida. Ellos pasaron muchas y largas horas entrenándome en la obra del ministerio y enseñándome los caminos del Señor. Sabes que la única posesión que te puedes llevar al cielo son tus hijos. Mis padres me hicieron a mí la prioridad más valiosa. Ellos me hicieron lo que yo soy ahora.

Los únicos limites que los niños tienen son los que se les imponen. Sus hijos pueden cambiar al mundo. Usted puede tener un impacto eterno al entrenar a los niños para amar a Dios.

La mies (o la cosecha) es mucha, mas los obreros pocos. Los niños son muchos y también son abiertos al evangelio. El propósito de este manual es de inspirarle a cosechar la mies. Es tiempo de alcanzar el gran campo misionero que son los niños!

Usted puede hacer una diferencia en este mundo al ser una diferencia en la vida de los niños.

Alcanzando a Los Niños del Mundo!

Según la revista National Geographic, la población del mundo recién excede seis billones. La mitad de esta población están bajo de la edad de quince años.

La Gran Comisión para el Ministerio de Niños

Jesús digo, *"Dejad a los niños venir a mí, y no se les impida, porque de los tales es el reino de Dios"* (Marcos 10:14).

Los niños constituyen el grupo de la población más grande que no han sido alcanzados. No solo son los niños un gran campo misionero, sino que también son campo fructífero. Cristo Jesús dijo en la parábola del sembrador en Marcos 4:4 que el sembrador tiró semilla en cuatro diferentes tipos de terreno.

1. En tierra dura

2. En tierra de piedras (los pedregales)

3. Entre los espinos

4. En buena tierra

 **Caja de Herramientas para el Ministerio**

Los niños son buen terreno! Sus corazones son blandos y están listos para que la palabra de Dios tome raíz en sus vidas y produzca al 30%, 60%, y al 100% de devolución. La inversión en la vida de un niño tiene un porcentaje más grande de devolución que cualquier otro ministerio. Tenemos que alcanzar a los niños hoy mientras que todavía son buen terreno.

Tenemos que comenzar a entrenar a nuestros niños ahora.

"Instruye al niño en su camino, y aun cuando fuere viejo no se apartara de el." (Proverbios 22:6).

Imagínese una rama de un árbol grande. La rama representa un adulto. Es ya formado en sus maneras y no dobla. Requiere un milagro para cambiar y doblar la rama. La vida de un adulto puede cambiar debe ser tocada por un milagro de Dios y lleva mucho trabajo enderezer una vida doblada o torcida.

Ahora, imagínese una tierna y flexible ramita. La ramita representa la vida de un niño. Es flexible y fácil de doblar. Un niño es fácilmente entrenado a seguir a Dios.

Es más fácil preparar que reparar. Es mejor invertir tiempo encaminando a un niño a seguir a Dios ahora, que esperar hasta que crezcan para alcanzarles. Es mejor salir a pescar con su hijo hoy que tener que pescarlo mañana.

El evangelismo después del bachillerato o la escuela secundaria no es evangelismo, es mas bien un rescate. Si esperas que un niño crezca para alcanzarle, has gastado y perdido los mejores años de entrenamiento de la criatura.

Los publicistas no esperan hasta que un niño crezca para influenciarlo. Los publicistas miran el valor de vida de la persona. Si Coca

Alcanzando los Niños del Mundo para Cristo

Cola puede convencer a un niño que la Coca Cola es mejor que la Pepsi, la compañía ganara aproximadamente $20,000 dolares de esa persona en el recurso de su vida.

Por eso los publicistas tratan de influenciar a los niños. ¿Cuál es el valor de vida de un niño para la iglesia? ¿Cuántas almas puede alcanzar un niño en el transcurso de su vida?

Los niños son un campo con cosecha fructífera.

*86% de los Cristianos que son Cristianos hoy fueron salvos antes de la edad de 15 años. *10% fueron salvos entre las edades de 15-30.
*Un pequeño 4% fueron salvos después de los 30 años.

¿Dónde debe estar el enfoque de nuestro evangelismo? 40 millones de niños en los Estados Unidos nunca han asistido a una iglesia. Dos de entre tres niños no conocen a Jesús como su salvador. Aún, las iglesias típicamente solo se gastan 3% de su presupuesto en los niños.

Jesús dijo, *"Rogad, pues, al Señor de la mies, que envíe obreros a su mies"* (Mateo 9:38). Pregunta: ¿Cuántas personas han pescado un pez de mas de 4 pies de largo?

--- 4 pies

Respuesta: No muchos.

Pregunta: ¿Cuántas personas han pescado un pez que es solamente 2 o 3 pulgadas de largo?

------

3 pulgadas

Respuesta: ¡Muchas personas!

Los peces pequeños son más fácil de pescar, pero los volvemos a tirar al agua para que crezcan más. Pero no hay garantía que podamos pescarlo cuando ya este grande. No tiremos de vuelta a nuestros niños.

Los niños tienen un gran potencial.

El famoso evangelista D.L. Moody una vez hizo un compromiso a Dios. Él le dijo a Dios que él llevaría a una persona a Dios cada día de su vida. Una vez un amigo quien sabía de su compromiso le pregunto a Moody si alguien había sido salvo ese día.

El Señor Moody respondió, "Si, dos y media personas fueron salvas hoy."

El hombre estaba confuso. El lo pensó y después preguntó, "¿Quieres decir dos adultos y un niño fueron salvos?

D.L. Moody digo, "No! dos niños y un adulto fueron salvos hoy."

Este gran evangelista entendió que cuando alcanzas a un adulto, la mitad su vida ya ha sido gastada. Pero, si alcanzas a un niño él tiene su vida entera para servir a Dios.

Jesús siempre tenía tiempo para los niños.

Tenemos que disponer tiempo para los niños. La Biblia dice que cuando los discípulos trataron de despedir a los niños porque Jesús estaba muy ocupado Jesús los reprocho. Entonces, *"Jesús tomó a los niños en sus brazos, puso sus manos sobre ellos y los bendijo."* (Marcos 10:16)

¿Puedes disponer tiempo para los niños?

Técnicas Innovadoras para Ministrarle a Niños

Verdad #1: Dale de comer a los niños a un nivel que ellos puedan comprender.
Sumérjase en el mundo del niño. Relaciónese con ellos a un nivel que ellos pueden entender.

No trate de forzarles a ser pequeños adultos en clase. A los niños les gusta divertirse. Déjalos! Dios ungió a los niños con energía. Esta energía fluye en ellos como agua de una chapa. Es difícil, no imposible parar el agua de fluir. Pero es posible dirigir el fluir del agua. En vez de tratar de parar la energía del niño, dirija la corriente o la energía del niño hacia las cosas de Dios.

Verdad #2: No trate de diluir el Evangelio.
Cuándo tu vas a un restaurante a pedir una hamburguesa, cual es la diferencia entre la hamburguesa en la comida de los niños a la hamburguesa en la comida del adulto? La única diferencia es el tamaño. Ambas hamburguesas vienen de la misma vaca. Las papas fritas vienen de la misma papa. La única diferencia es el tamaño, la porción es más pequeña.

Enséñale a los niños las mismas verdades que su pastor les esta ense-

Caja de Herramientas para el Ministerio

ñando. Pero, córtelo en pedacitos pequeños. Puede tomarle cuatro Domingos para enseñarle el mismo sermón que el pastor predicó en un día.

Verdad #3: Haga el mensaje emocionante, atractivo, y pertinente a la vida de un niño.
La generación de hoy es una generación motivada por sonido y visuales. Todo en la Televisión de niños cambia en 30 segundos. Los ministros de niños tienen bastante competencia. Si los niños no escuchan no van a aprender.

Gane el interés de los niños. Deje que ellos vean, oigan y sientan el mensaje. Entonces no va a ser efectivo si simplemente te paras a leer la Biblia.

Todo aprendizaje comienza con estimulación de uno de estos sentidos. Es calculado que la suma del aprendizaje puede ser calculado así.
* 75% de lo que sabemos proviene de lo que vimos
*13% proviene de lo que oímos
* 6% proviene de lo que olemos
* 3% proviene de lo que probamos
* 3% de lo que sentimos

De los cinco sentidos el visual es la forma más efectiva de aprender algo. Esto significa que es más efectivo mostrarle a los niños la verdad que simplemente decirles. Entre mas sentidos usted use en el método de aprendizaje, mas conocimiento van a retener los estudiantes, en este caso los niños. Usted pueda que quiera viajar a la nación Francesa, Alemana, o Inglesa, pero usted puede viajar mas lejos si usas la imaginación. Use la imaginación de sus niños. Crea maravillosas palabras fotográficas que los envuelva en las historias que les está contando.

Alcanzando los Niños del Mundo para Cristo

Un niño le pondrá atención siempre y cuando usted involucre la imaginación de él. Tan pronto la imaginación de un niño no se este usando, el se aburrirá. Un niño aburrido encontrara la forma de entretenerse a si mismo. Usted presenta un programa para los niños o ellos le preparan uno para usted.

Verdad #4: Desarrolle un plan.
Si usted le tira a nada o le apunta a nada, nada va a lograr, ninguna meta va a alcanzar. Si fallas en planear, estas planeando fallar. Tener un plan es fundamental. El plan le mostrara donde esta y la meta que desea alcanzar. Que es lo que quiere que los niños sepan cuando ellos salgan de estar bajo su ministerio? ¿Qué principios les quieres enseñar?

*Salvación   *El Dar   *La obra Misionera
*El Espíritu Santo *Fe   *El Amor
*Sanidad   *Los frutos del Espíritu
*Los Dones del Espíritu   *Como adorar a Dios, etc.

Desarrolle un plan que enfatice cada uno de estos principios. Use su tiempo sabiamente. Solo tienes dos horas a la semana para influenziar la vida de un niño. Como usaras tu tiempo mas efectivamente.

Formas Creativas para Compartir el Mensaje
- Cante una canción (El canto derrama una energía y las palabras se una canción se graban en la mente mas efectivamente que un sermón.)
- Dilo con La Biblia (Predique con autoridad. El espíritu de el niño en mano necesita oír la verdad de la misma manera que un adulto.)
- Use títeres (Una presentación de títeres o una canción pueden ilustrar el mensaje lograr la meta del mensaje.)
- Dramatice el mensaje (El drama permite que los niños no solo oigan sino que también vean el mensaje.)
- Repítalo y vuélvalo a repetir. (Se dice que los niños tienen que

repetir o escuchar algo 100 vences antes que logren entenderlo.)
- Dilo incorrectamente (Ejemplo: Este es el día que hizo él permita que los niños Señor me alegrare y me ABURRIRE en él, o, le corigan me enojare en él, o me pondre triste en él.)
- Muestre una foto (No hay nada que se iguale a mostrarle a un niño una foto de un niño hambriento en el Africa para enseñarle a dar para ayudar al pobre.)
- Dilo con sonidos (El sonido de un martillo golpeando una estaca para que el niño se imagine estar presente durante la crucifixión O "los justos son valientes como el león." Y dar un rugido de león.)
- Dibuje al hablar (Use un tablero para ilustrar el punto que esta presentando.)
- Dilo y acompáñalo de (Visuales sobre un tablero o franelografo refuerzan la presentación de tablero de tema en la clase.)
- Dilo con un proyector (Pon los puntos en la pared usando un proyector para que los niños tomen notas.)
- Enseñe un versículo (La Palabra y poderosa y eficaz.)
- Dilo con un cuento (Había una vez...)
- Dilo usando un objeto visual (Una lección con objeto visual permite que los niños imaginen un verdad Bíblica.)
- Use un Payaso par traer gozo (Los payasos son amistosos, chistosos, y divertidos.)

Ilustraciones Con Objetos Visuales

Lección de objeto visual: Este es un metodo diseñado para hacer que la Palabra de Dios se haga visible para que los niños la puedan entender, recordar, y retener.

Jesús siempre enseñaba en formas creativas. Él era un maestro de contar cuentos. Si sus dichos fuesen traducidos nuevamente al Arameico, sonarían como poesías con ritmo el cual las haría fácil de recordar. Jesús también uso ilustraciones visuales para crear fotos en la mente de los que le escuchaban.

Él dijo "Mirad los lirios de aire...", "Mirad el sembrador del campo...", "Ustedes son la sal de la tierra...", "Mirad las flores del campo...," etc. Cuando Jesús dijo,"Mirad las flores del campo..." piensa usted que él señalo a unas flores que se encontraban junto a donde él estaba sentado? Yo pienso que el uso cosas que se ven a diario para enfatizar sus puntos.

Ilustraciones de Objeto Visual que puedes hacer!

l. **La Protección de Dios** Dios nos protegerá durante las tormentas. Dale a cada niño una sombrilla paraguas. El paraguas representa

la protección de Dios que nos rodea en tiempos de tormenta. Una pistola de agua puede representar un ataque del diablo. Y el niño es protegido por el paraguas. De la misma manera, Dios le protegerá cuando vengan los problemas de la vida o las tormentas de la vida.

Versículo: *"El que habita en el abrigo del altísimo, Morara bajo la sombra del Omnipotente"* (Salmo 91:1).

2. El Sobreabundante Amor de Dios Un vaso representa una persona. Una jarra de agua representa el amor de Dios. Derrame el amor de Dios dentro de la persona (el vaso). Al llenarse el vaso enséñele a los niños cuanto Dios ama a cada persona. Él nos ama mas de lo que podemos saber.

¿Cuándo ya está el vaso totalmente lleno que sucede? Se sobreabunda. Ponga el vaso sobre la cabeza de alguien y continúe de derramar. Dios quiere darnos mas y más de su amor hasta que sobreabunde de nuestras vidas a la vida de otros. Permita que el vaso sobreabunde sobre varios de los niños. Dios quiere extender su amor a todos.

Versículo: *"Amados, Amémonos unas a otros: porque el amor es de Dios"* (1 Juan 4:7).

3. El poder del acuerdo Dele un palillo a un niño. Dile que lo quiebre. Ahora dele al mismo niño 20 palillos juntos y dile que los quiebre todos juntos y al mismo tiempo. Es imposible. Cada palillo es fácil de quebrar individualmente, pero cuando están todos juntos es imposible quebrarlos.

Satanás va a tratar de atacar a los Cristianos que están solos. Es importante andar en unidad con otros hermanos Cristianos. Si tu y tus amigos oran juntos y alaban a Dios juntos, Satanás no podrá

Alcanzando los Niños del Mundo para Cristo

hacerte daño. Hay poder en números. Por esto es tan importante ir a la iglesia.

Versículo: *"No dejando de reunirnos, como algunos tienen por costumbre, sino exhortándonos..."* (Hebreos 10:25).

"Otra vez os digo, que donde estén dos o tres congregados en mi nombre, allí estoy yo en medio de ellos" (Mateo 18:19).

4. Estamos siendo seguidos Escoja dos niños. Diles que le sigan a donde usted vaya. Ellos representan "el Bien" y "la Misericordia." No importa que pase los niños le tienen que seguir. Comience a correr alrededor del cuarto. Diga el versículo al seguirle ellos a usted. Móntese en la plataforma, gatea debajo de una silla, etc.

El Bien y la Misericordia te siguen todos los días de tu vida. Usted no se puede escapar de ellos.

Versículo: *"Ciertamente el bien y la misericordia me seguirán todos los días de me vida"* (Salmo 23:6).

5. Casi un Cristiano Ponga una silla sobre la plataforma. Pídale a un niño que se siente. Ahora pídele que se pare. Pídale que casi se siente. Es casi sentado estar sentado? No!

Cuente la historia del Rey Agripa. Pablo compartió el evangelio con él y el rey le dijo a Pablo, " Casi me persuades a ser Cristiano." El Rey Agripa casi se convierte en Cristiano. Pero él no aceptó a Jesús como salvador.

¿Si casi te conviertes en Cristiano, eres Cristiano? No! Haz un llamado para aquellos que quieran estar seguros que ellos son Cristianos.

Caja de Herramientas para el Ministerio

Versículo: *"Entonces Agripa dijo a Pablo: Por poco me persuades a ser cristiano"* (Hechos 26:28).

6. Ponga a Dios Primero en tu vida Encuéntrese una jarra la medida de un galón. Llénela de frijoles. La jarra representa un día en la vida de un niño. Los frijoles representan las actividades que hace un niño en un día. Comience la ilustración con la jarra vacía.

El niño se levanta. Derrame frijoles dentro de la jarra. Él va a la escuela. Derrame mas frijoles en la jarra. Él se come el almuerzo, va a clase, vuelve a casa, ve televisión, juega fútbol, se come la sena, etc. Para cada acción que usted este demostrando derrame mas frijoles en la jarra. Al final del día la jarra esta casi llena. De un momento a otro el niño se acordó que no ha pasado tiempo en la presencia del Señor.

Sobre tres bolas del tamaño de tenis escriba: oración, lectura de la Biblia, Adoración. Haga el intento de meter las bolas (que representan el tiempo dedicado a Dios) al fin del día ocupado. No caben. La tapa sobre la jarra no cierra. El niño se queda dormido tratando de orar.

Vuelva a sacar los frijoles de la jarra y comience un día nuevo. Hoy, el niño decidió poner a Dios primero en su día. Él pasa tiempo orando. Ponga dentro de la jarra la bola de oración. Después, la lectura de la Biblia y la adoración a Dios. Ponga las dos bolas más en la jarra. Ahora esta lista para comenzar su día. Haga todo lo que hizo el día anterior. Todos los frijoles caben en la jarra. La única diferencia es que hoy todo cupo.

Alcanzando los Niños del Mundo para Cristo

Necesitamos poner a Dios primeramente en nuestras vidas. Pasar tiempo con el Señor debe de hacerse antes de cualquier otra cosa que tengamos que hacer.

Versículo: *"Mas buscad primeramente el reino de Dios y su Justicia, y todas estas cosas os serán añadidas"* (Mateo 6:33).

7. Permite que brille su luz! Parte #1 Ponga un poco de basura entre una linterna ponle la tapa para que aparezca normal.. Dile a los niños que los Cristianos son como una luz que brilla. Le damos gloria a Dios al dejar que nuestra luz brille. Trate de prender la linterna. Los niños le dirán que no sirve. Haga una cara de preocupado. Quítele la tapa a la linterna.

La basura es la razón por la cual la linterna no da su luz. Un Cristiano no da su luz cuando está lleno de basura en su vida. Esta basura puede ser pecados en nuestras vidas: la mentira, el engaño, el robar. Es tiempo de arrepentirnos y pedirle a Dios que nos perdone nuestros pecados. Cuando hacemos esto él quitara el pecado de nuestras vidas para que podamos ser una luz brillante. Quite la basura de la linterna.

Versículo: *"Así alumbre vuestra luz delante de los hombres, para que vean vuestras buenas obras, y glorifiquen a vuestro Padre que esta en los cielos"* (Mateo 5:6).

Permita que brille su luz! Parte #2 Antes que pueda alumbrar la linterna, la linterna necesita algo. Necesita baterías. Estas baterías le dan PODER. Jesús prometió que el Espíritu Santo nos llenaría de poder. Ese poder nos haría testigos al mundo entero. Un testigo es una luz que brilla.

Caja de Herramientas para el Ministerio

Ponle baterías a la linterna y préndala. El poder que nos permite ser luces brillantes proviene del Espíritu Santo. Ahora haga una invitación a aquellos niños que quieran ser llenos del Espíritu Santo. Este mensaje también sirve como un buen mensaje para la obra misionera. El poder de este poder es para que podamos ser una luz brillante en nuestra ciudad, nuestro país, y otros países.

Versículo: *"Pero recibiréis poder, cuando haya venido sobre vosotros el Espíritu Santo, y me seréis testigos en Jerusalén, en toda Judea, en Samaria, y hasta lo ultimo de a tierra"* (Hechos 1:8).

8. El propósito del hombre Dele a un niño una escoba. Haga que él comience a barrer el salón con la escoba. Pregúnteles a los niños que cual es el propósito de la escoba. El propósito de la escoba es barrer. El que creó la escoba tenia un propósito en mente para ella cuando la inventó.

Otro niño puede desenvolver un dulce y comérselo. ¿Cuál es el propósito del dulce? El dulce o el caramelo fueron creados para ser comidos. Traiga una silla y pídale a alguien que se siente. Dile después que se pare. Dile que se siente otra vez. ¿Cuál es el propósito de la silla? El propósito de la silla es para poder sentarse. El creador de la silla la hizo para que alguien se sentara en ella.

¿Cuál es nuestro propósito? Dios es nuestro creador y Él no hace algo que no sea de uso. Los hombres fueron creados para un propósito. El propósito de la silla es para sentarse, el dulce para comer, y la escoba para barrer. El propósito del hombre es de adorar a Dios. ¿Vas a vivir y ejercer el propósito por el cual fuisteis creado?

Versículo: *"Muchos pensamientos hay en el corazón del hombre, Mas es el propósito de Dios que permanecerá"* (Proverbios 19:21).

Alcanzando los Niños del Mundo para Cristo

9. El pecado te roba las bendiciones de Dios Amare a alguien con un lazo. El lazo representa el pecado. El pecado es atadura. El pecado lo mantendrá al hombre atado. Explíquele a los niños lo que es el pecado y que nos hace. Satanás viene a atar a las personas. Su meta es de robar, matar, y hurtar.

Pero Cristo Jesús vino para darnos vida y vida en abundancia. Una bolsa de caramelos (dulces) o un premio representan las bendiciones de Dios. Dios tiene muchas bendiciones para nosotros. Párese al lado opuesto de la persona que esta atada al pecado. Diles que ellos pueden obtener el premio se lo pueden alcanzar.

Claramente es imposible. Hay algo que les previene que agarren el premio o la bendición de Dios. El lazo (la atadura) es el pecado que los mantiene cautivos. Explique que Dios nos perdona nuestros pecados si nos arrepentimos de ellos. Ore con la persona que esta atada. Después suéltelo de las ataduras.

Ahora que están libres es fácil para que ellos alcancen y agarren el premio. Jesús nos hará libres de toda atadura de pecado.

Versículo: *"El ladrón no viene sino para hurtar, matar y destruir; yo he venido para que tengan vida, y para que la tengan en abundancia"* (Juan 10:10).

10. Dios sanará toda enfermedad Dios no quiere que los niños estén enfermos. Dios es más poderoso que cualquier enfermedad. Él nos sanará.

Escriba el nombre de varias enfermedades sobre unas bombas o globos grandes. Estas enfermedades pueden incluir: el catarro, el cancer, los dolores de cabeza, Huesos quebrados, la ceguera. Satanás intenta darnos estas enfermedades horribles. Llame a varios niños

que pasen al frente y dale a cada niño un globo que representa una enfermedad.

Podemos usar la palabra de Dios par reclamar nuestra sanidad. La Biblia dice, "Dios envió su palabra y los sanó." La palabra de Dios es poderosa!

Levante su Biblia y dele frente a su enfermedad. Recite un versículo de sanidad y diga, "En el nombre de Jesús sea sano!" El niño debe mantener el globo sobre su cabeza y en el aire. Pégale al globo con su Biblia y el globo estallara. El globo estalla porque antes del culto le pusiste un alfiler en la esquina de la Biblia. El alfiler esta salido y estalla el globo.

Haga lo mismo con cada enfermedad. No hay ninguna enfermedad tan fuerte que Dios no la puede destruir. Recite una escritura de sanidad diferente con cada globo que estalle. "En el nombre de Jesús, cáncer, sal fuera!" Dios es un Dios de Sanidad.

Versículo: *"Envió su palabra, y los sano, y los libro de su ruina."* (Salmo 107:20).

* Piense en algo importante que le quieras enseñar a los niños. Ahora invéntese y crea una nueva lección con un objeto que le ayude a enseñar ese principio. Cuando estés creando una lección de objeto nueva, siempre comience con la Biblia y no un objeto. Decida que quieres enseñar y después encuentres una manera de enseñar esa lección. Pregúntese: ¿Quién, cuál, cuándo, en dónde, y cómo?

Como Dirigir a Los Niños en Adoración

La Alabanza Va Antes

La Alabanza: Declara la bondad de Dios

"Todo lo que respira alabe a Dios" (Salmo 150:6). Este mandamiento incluye a los niños.

Dios habita en las alabanzas de su pueblo (Salmo 22:3). Un día en el templo los niños estaban danzando y cantando alrededor de Jesús. Unos de los principales sacerdotes y los escribas los oyeron y le mandaron a Jesús que los hiciera callar. Pero Jesús los reprocho y les digo que Dios ha perfeccionado la alabanza en la boca de los niños (Mateo 21:15-16).

A los niños les fascina cantar! El tiempo de alabanza deber ser un tiempo de mucha energía. Esto ayuda a encaminar la energía que Dios le dio a los niños. Use canciones hasta que se pongan un poco físicamente cansados para que se puedan después sentar y escuchar la Palabra de Dios. Las siguientes son unas ideas para usar:

* Tenga competencia de cantos   * Manténgalos en movimiento

* Alabe con todas sus fuerzas   * Tenga todo bien planeado

Caja de Herramientas para el Ministerio

* Use canciones que tengan movimientos

* No use canciones con muchas palabras

¿Que Música Es Preferida?

La música en vivo es ideal pero si usas pistas esto también trabaja bien. Escoja música que es viva, movida y divertida para los niños.

¿Cúales son las Calificaciones del Líder de la Alabanza?

l. El que dirija la alabanza debe ser alguien energético. Si quieres que los niños hagan movimientos y acciones, el líder tiene que poder hacerlas 10 veces también con ellos.

2. El director de alabanza debe ser una persona que sea un verdadero adorador. Los niños pueden discernir una persona que no es un verdadero adorador. No puedes llevar a los niños a un nivel espiritual donde tu mismo no has llegado. El director debe de estar completamente o totalmente familiarizado que es el trono de gracia. Los niños tienen que ser dirigidos a la presencia de Dios.

Dios está buscando aquellos que le alaben en espíritu y en verdad. *"Mas la hora viene, y ahora es, cuando los verdaderos adoradores adoraran al Padre en espíritu y en verdad: porque también el Padre tales adoradores busca que le adoren"* (Juan 4:23).

La Adoración

La Adoración es entrar en la presencia del Rey y darle la gloria que se merece.

"Dad a Jehová la gloria debida a su nombre; Adorad A Jehová en la hermosura de la santidad" (Salmo 29:2).

Alcanzando los Niños del Mundo para Cristo

Todo hombre fue creado para adorar a Dios. Dios es un Dios bueno. De la profundidad de nuestro amor por su maravillosa presencia, adoramos al Señor como Rey.

Los niños también tienen que adorar para obtener restauración. Los niños también tienen problemas que para ellos son verdaderos problemas. La adoración restaura sus mentes y sus espíritus.

Las siguientes son ejemplos de como dirigir a los niños en adoración:

* Ponga usted el ejemplo   * Diles que levanten sus manos

* Use un lenguaje de señales * Cuente historias de la bondad de Dios

Ideas de como enseñarle a un niño a ser un adorador verdadero.

¿Porqué levantamos las manos? Nosotros levantamos manos a Dios por dos razones. Cada razón tiene una acción correspondiente a la posición de nuestras manos. Ambas de estas razones pueden ser actuadas por los niños.

Razón #1: Entrega

La posición de entrega es con sus manos dirigidas directamente hacia arriba.

Cuándo un ratero viene detrás de usted y pone una pistola en su espalda, ¿que haces? Claramente usted pone sus manos al aire. Esto es un hecho de entrega. Al poner sus manos al aire estas diciéndole al ratero, "Todo lo que tengo pertenece a usted, me entrego! Puede usted tomar mi billetera, mis llaves, mi reloj, y mis tenis nuevos."

Cuando levantamos nuestras manos al aire hacia Dios nos estamos entregando a Él. Le estamos diciendo a Dios, "Todo lo que tengo te pertenece, me entrego!" Por medio de la alabanza nosotros le entregamos todo a Dios.

Razón #2: El Recibir

La posición de las manos para recibir es con sus manos extendidas hacia Dios, con sus palmas hacia arriba.

Cuando un padre le da a un niño un regalo, el niño alza y extiende sus manos para recibir el regalo. Al extender sus manos el niño está diciendo "Lo que tengas para mí lo recibo."

Cuando extendemos nuestras manos con nuestras palmas hacia Dios nos posicionamos para recibir de Él. Estamos diciendo, "Lo que tu tengas para mí yo lo recibo."

El servir a Dios es maravilloso. Esto es porque cuando damos todo lo que somos a Dios (en entrega), Dios nos devuelve todo lo que el es al recibir nosotros de Él. Primeramente, nos entregamos a Dios por medio de la adoración, entonces Dios nos bendice con sus dones y bendiciones maravillosas.

Pinte imágenes con palabras durante la adoración.

Haga que los niños cierren sus ojos y diríjalos al trono de Dios. Describa en detalle la grandes puertas de oro que están hacia el trono celestial, y cómo se abren espaciosamente para revelar la majestad de Dios. Describa a los Ángeles que adoran a Dios 24 horas al día.

Estoy tomando un paso hacia el trono de Dios. Un camino largo se extiende hacia el trono de Dios. Sentado en el trono esta el creador del universo. Al mirar sus ojos, te olvidas de todo. Sus ojos están tan llenos de amor, de y de paz, y después Dios llama tu nombre. Tu te das cuenta que Dios mismo quiere hablar contigo. Él te llama y tu corres hacia Él. Tu te sientas en su canto sobre sus rodillas y le hablas.

Alcanzando los Niños del Mundo para Cristo

Esto es la adoración. El estar sentado, comunicándose con el creador es lo mas grande y maravilloso que puedes hacer!

Cuente un cuento de un animal.

Un perro es un animal con cual los niños pueden relacionar facilmente. Los perros aman a sus maestros. No importa que suceda, el perro mirara a su maestro con amor. Si el maestro le llama, el perro corre inmediatamente hacia Él.

De igual manera debemos ser como el perro. Debemos de correr hacia Dios tan pronto Él nos llame. El lugar mas especial para un perro es estar al lado de su maestro. El lugar mas especial donde podamos estar nosotros localizados es en la presencia de nuestro Dios.

Comunicación con Señas

Usando acciones con el cuerpo es una manera de adorar a Dios, no solo con su voz, sino con todo su cuerpo y ser. Esto ayuda que los niños enfoquen su atención hacia Dios.

Caja de Herramientas para el Ministerio

TIEMPO PARA JUEGOS!

Los Juegos envuelven la imaginación, anima a la lección y la memorización de los versículos, crea una atmósfera, y sirve para desahogar la energía. Los juegos hacen que los niños sean parte del servicio y sen envuelvan en el.

El Juego de Colores

Este juego es maravilloso para comenzar la lección y para envolver a los niños siendo todos participes. El juego es simple. Tiene que usar cinco tarjetas, papeles, o cartulinas de diferentes colores. Cada tarjeta deber ser de diferente color, y cada color requiere que los niños expresen una acción.por ejemplo:

l. Tarjeta Roja - Todos gritan "Gloria a Dios"

2. Tarjeta Verde - Todos gritan "Aleluya"

3. Tarjeta Anaranjada - Todos aplauden.

4. Tarjeta Azul - Todos se paran y después rápidamente se sientan.

5. Tarjeta Morada - Todos rascan la espalda de su vecino.

El maestro después toma las cinco tarjetas en su mano, y cada vez que él levanta una de las tarjetas sobre su cabeza, los niños tienen

Caja de Herramientas para el Ministerio

que expresar o hacer la acción que corresponde a ese color. Lo divertido sucede cuando se hace rápidamente y los niños tienen que tratar de recordarse la acción que coincide con la tarjeta.

Puedes darle un premio a la primera persona que haga las acciones correspondientes correctamente o puedes jugar el juego con equipos y darle puntos al equipo que hace las acciones correctas.

La Adivinanza del Balde

Este juego se juega como un concurso televisado. Va a necesitar 5 baldes boca abajo. Debajo de cada balde hay un premio. Pero solo hay un premio especial.

Los siguientes son ejemplos de lo que pueden poner debajo de los baldes.

1. Pequeños caramelos

2. Pasta de dientes

3. Un chupon

4. Un jarrito de comida para bebes

5. El gran premio puede ser un chocolatín grande, unas gaseosas (un refresco), o dinero en billetes o monedas.

Escoja dos participantes de dentro la audiencia un niño y una niña. Permite que cada uno escoja un balde. Anime a los niños en la audiencia que le ayuden a los concursantes escoger.

Debes de tratar también un poco para ayudar que los niños ganen. Para lograr esto, puedes preguntarles que si están seguros de su decisión o si les gustaría escoger otro. Para tratar de convencerles a cambiar, puedes ofrecerles otro premio. Por ejemplo puedes decir:

Alcanzando los Niños del Mundo para Cristo

"Juanito tu escogiste el balde #3 correcto. Yo haré un trato con usted. Si me das el balde #3 yo le doy el balde #5 a cambio por el. Eso no es todo. Si me das el balde #3, yo te daré otro premio que tengo en mi bolsillo." Anime a los otros niños que le ayuden tomar una decisión.

Juanito pueda que cambie de decisión o pueda que no. No importa. Lo importante es que el niño se estará divirtiendo aunque no escoja el balde correcto. Esté seguro que el resto de los niños en el salón estén animando a los concursantes.

Concurso Bíblico

Escoja a ocho panelistas para que se sienten en sillas enfrente de la clase o en la plataforma. Haga una pregunta que corresponde a la Biblia. La primera persona en pararse tiene la oportunidad de contestar. Si la respuesta es correcta, su equipo gana 100 puntos. Pero si se equivocan y no responden correctamente, pierden 100 puntos. Si alguien de dentro la audiencia grita la respuesta el equipo en el cual esa persona esta hará que su equipo pierda puntos.

Ejemplo de preguntas posible preguntas:

1. ¿Quién construyó el arca? Noe.

2. ¿Cuál fue el nombre de la primera mujer? Eva.

3. Por favor cite Juan 3:16

4. ¿Cuál es el sexto libro en la Biblia? Josué.

5. Por favor deletrea Deuteronomio

6. ¿Cuantos Reyes fueron a ver a Jesús? La Biblia no dice así que tres es una respuesta incorrecta.

Caja de Herramientas para el Ministerio

7. ¿Quíen dijo estas palabras?, "Sea hecho de acuerdo a tu voluntad." Maria.

8. ¿Quién fue llamado el "Cordero de Dios?" - Jesús.

9. ¿Dónde va un Cristiano cuando muere? - El Cielo.

Puedes hacer preguntas sobre la lección o sobre un teme que estés enseñando.

Cambie sus preguntas frecuentemente. Permita que puedan participar la mayoria de niños.

Hay muchísimos juegos para niños. Escudriñe ideas en libros, programas de televisión, o crea tus propios juegos. Use una variedad de ideas para reforzar ideas y diviértase.

UNA BASE BIBLICA PARA EL MINISTERIO A NINOS

¿Porqué le ministramos a los niños? ¿Que es la voluntad de Dios para los niños? ¿Pueden ser los niños salvos? Los siguientes son unos versículos poderosos que contestaran esa pregunta.

Pueden Ser Los niños Salvos

- Todos los que creen en el Señor Jesús Cristo serán salvos! *"Porque de tal manera amo Dios al mundo, que dio su hijo unigénito, para que todo aquel que en él cree, no se pierda mas tendra vida eterna"* (Juan 3:16).

- Dios no quiere que ningún niño se pierda! (Esta parábola se trata sobre los niños) *"¿Qué os parece? ¿Si un hombre tiene cien ovejas, y se pierde una de ellas, no deja las noventa y nueve y va por los montes a buscar a la que se había descarriado? Y si acontece que la encuentra, de cierto os digo que se regocija mas por aquella, que por las noventa y nueve que no se descarriaron. Así, no es la voluntad de vuestro Padre que esta en los cielos, que se pierda uno de estos pequeños"* (Mateo 18:12-14).

- En la mitad de adversidades, Dios salvará a sus hijos. *"...Yo salvare tus hijos..."* (Isaías 49:25).

- A Dios le agrada saber que sus hijos andan en la verdad. *"No tengo yo mayor gozo que este, el oír que mis hijos andan en la verdad"* (3 Juan 1:4).

- ¿Cómo pueden los niños clamar el nombre del Señor si no le predicamos el evangelio? *"Porque todo aquel que invocare el nombre del Señor, será salvo. ¿Cómo pues invocaran a aquel en el cual no han creído? ¿Y como creerán en aquel de quien no han oído? ¿Y como oirán sin haber quien les predique?"* (Romanos 10:13-14).

- Jesus siempre tenía tiempo para los niños. *"Y le presentaban niños para que los tocase; y los discípulos reprendían a los que los presentaban. Viéndolo Jesús, se indigno, y les dijo: Dejad a los niños venir a mí, y no se lo impidáis; porque de los tales es el reino de Dios"* (San Marcos 10:13-14). *"Entonces le fueron presentados unos niños, para que pusiese las manos sobre ellos, y orase: y los discípulos les reprendieron. Pero Jesús dijo: Dejad a los niños venir a mí, y no se lo impidáis; porque de los tales es el reino de los cielos. Y habiendo puesto sobre ellos las manos, se fue de allí"* (Mateo 19:13-15).

Recibir a un niño es como recibir a Jesús. *"El que reciba en mi nombre a un niño como este, me recibe a mí; y el que a mí recibe, no me recibe a mi sino al que me envio"* (Marcos 9:37).

- Si un baso de agua se merece recompensa, imagínese lo que recibirás si le das a un niño la oportunidad de salvación. *"Y cualquiera que de a uno de estos pequeñitos un vaso de agua fría solamente, por cuanto es discípulo, de cierto os digo que no perderá su recompensa"* (Mateo 10:42).

- Todos, aún los niños, son llamados a alabar a Dios. *"Los jóvenes y también las doncellas. Los ancianos y los niños"* (Salmos 148:12-13).

- Los niños perfecionarán la alabanza! *"...y le dijeron: ¿Oyes lo que estos dicen? Y Jesús les dijo: Si nunca leísteis: De la boca de los ninos y de los que manan perfeccionaste la alabanza?"* (Mateo 21:16).

- Dios salvará a los niños de los que están en necesidad. *"Juzgara a los afligidos del pueblo, y salvara a los hijos del menesteroso"* (Salmos 72:4).

- Dios hará volver los corazones de los padres a los hijos. *"El hará volver el corazón de los padres hacia los hijos, y el corazón de los hijos hacia los padres"* (Malaquias 4:6).

- Tenemos que enseñarle a nuestros niños los mandamientos de Dios. *"Y amaras a Jehová tu Dios de todo tu corazón, y de toda tu alma, y con todas tus fuerzas. Y estas palabras que yo te mando hoy, estarán sobre tu corazón; y las repetiras a tus hijos"* (Deuteronomio 6:5-7).

- Un niño instruido bien no se apartará de Dios. *"Instruye al niño en su camino, y aun cuando fuere viejo no se apartara del"* (Proverbios 22:6).

- Los niños son una bendición de Dios. *"He aquí, herencia de Jehová son los hijos, cosa de estima el fruto del vientre"* (Salmos 127:3).

Caja de Herramientas para el Ministerio

- Tienes que poner todo en las saetas antes de enviarla. Apunte a sus hijos o niños hacia la meta, y suéltalos para que cumplan el plan de Dios. *"Como saetas en mano del valiente, así son los hijos habidos en la juventud. Bienaventurado el hombre que lleno su aljaba de ellos"* (Salmos 127:4-5).

¿Tiene Dios un plan para los niños?

Los niños pueden impactar a una nación para Dios!
"Cuando Josias comenzó a reinar era de ocho años,....E hizo lo recto ante los ojos de Jehová..." (2 Reyes 22:1-2).

- Ejemplos de niños que han sido usados por el Señor.
1. Jeremías fue llamado por Dios - Jeremías 1
2. Samuel oyó la voz de Dios - 1 Samuel 3
3. David mató a Goliat cuando era un joven - 1 Samuel 17
4. Josias comenzó a reinar cuando tenía 8 años - 2 Reyes 22:1
5. Una joven sirvienta le ministró a Naaman - 2 Reyes 5:1-4
6. Un niño le dió su comida a Jesús - Juan 6:9

- Ejemplos de Jesús
1. Ministrándole a los niños - Mateo 15:22-28
2. La mujer Cananita le pidió a Jesús que sanara a su hija Jesús sana a un joven endemoniado - Mateo 17:14-18
3. Jesús levantó a la hija de Jairo de los muertos - Lucas 8:40-56

- Timoteo se sabiá las escrituras de temprana edad. *"Las escrituras son una arma valiosa para la instrucción en justicia. Y que desde la niñez has sabido la Sagradas escrituras, la cuales te pueden hacer sabio para la salvación por la fe que es en Cristo Jesús"* (2 Timoteo 3:15-16).

Alcanzando los Niños del Mundo para Cristo

- Debes ser como un niño para entrar en el Reino de Dios. *"En aquel tiempo los discípulos vinieron a Jesús, diciendo: ¿Quién es el mayor en el reino de los cielos? Y llamando Jesús a un niño lo puso en medio de ellos y dijo: De cierto os digo, que si no os volvéis y os hacéis como niños, no entrareis en el reino de los cielos. Y cualquiera que reciba en mi nombre a un niño como este, a mi me recibe"* (Mateo 18:1-4).

Espere que el Espíritu Santo se mueva en medio de los niños

Dios derramará su Espíritu sobre toda carne. *"Y en los postreros días, dice Dios, Derramare de mi Espíritu sobre toda carne. Y vuestros hijos y vuestras hijas profetizaran; Vuestros jóvenes verán visiones..."* (Hechos 2:17-18).

- Los niños fueron creados para señales y maravillas. *"He aquí yo y los hijos que me dio Jehová somos por señales y presagios en Israel, de parte de Jehová de los ejércitos, que mora en el monte de Sion"* (Isaías 8:18).

- La petición del salmista era que la gloria se apareciera a los niños. *"Aparezca sobre tus siervos tu obra, y tu gloria sobre sus hijos"* (Salmo 90:16).

- Nuestros niños serán enseñados por el Señor, y será su paz. *"Y tus hijos serán enseñados por JEHOVA; y se mutiplicará la paz de sus hijos"* (Isaías 54:13).

Caja de Herramientas para el Ministerio

DESAROLLANDO UNA VISIÓN

Escribe la visión, y declárala en tablas, para que corra el que leyere en ella.

"Y Jehová me respondió y dijo: Escribe la visión, y declárala en tablas, para que corra el que leyere en ella" (Habacuc 2:2).

* Si su visión es por un año, siembre trigo
* Si su visión es por una década, siembre un árbol
* Si su visión es de vida, siembre personas

Todo líder necesita una visión. La visión del líder dirige de entero el ministerio de niños.

Un líder sin visión no da pasos a ninguna parte. Nadie va a seguir a una persona que no tiene visión. La visión tiene que venir dentro de usted. ¿Qué a puesto Dios en su corazón? ¿Cuál es su meta con el ministerio de niños?

Su visión necesita incluir metas a largo plazo y a corto plazo. Debe se ser mayor a lo que usted puede lograr solo. Su visión debe ser diseñada para servir las necesidades de otros.

Caja de Herramientas para el Ministerio

Pregúntese: ¿Dónde estoy hoy?, ¿Dónde quiero estar?, ¿Cómo llego a lograrlo?

Este manual es diseñado para inspirarle en la área del ministerio de niños. Dios tiene algo grande para su ministerio de niños. Si le tiras a nada no tiraras al blanco nunca. Siéntese ahora y comience a escribir lo que Dios a puesto en su corazón

* ¿Porque estas ministrándole a los niños? _____
_____
_____
_____
_____

* ¿Cuál es su visión para es ministerio de niños? _____
_____
_____
_____
_____

* Haga una lista de sus metas

¿Voy a lograr estas metas a largo plazo?

1.

2.

3.

Alcanzando los Niños del Mundo para Cristo

Yo realizare estas tres metas a corto plazo ente los próximos 3 meses!

1.

2.

3.

* ¿En que áreas te vas a enfocar en el próximo año? _____
_____
_____
_____
_____

* Es importante enfocarse en ciertas áreas de enseñanza en su ministerio. ¿Cuándo sus niños se van de su ministerio, que es lo que tu quieres que ellos sepan? Haga una lista de los principios importantes que usted quiere sembrar en sus vidas. Yo he puesto unos ejemplos con los que puedes comenzar.

1. Un deseo de amar a Dios   6.

2. Un corazón para la obra misionera 7.

3. La fe en el poder de dar   8.

4.   9.

5.   10.

Caja de Herramientas para el Ministerio

* Haga una lista de maneras creativas que puedes usar para presentar el evangelio. _____
_____
_____
_____

* Es importante tener bastante ayuda. Tiene usted que duplicarse entrenando a otros para hacer su trabajo. Esto ayuda quitar el cargo sobre usted. Nunca serás completamente exitoso hasta que tengas un sucesor. Haga una lista de estrategias para reclutar y entrenar nuevas personas para su ministerio. _____
_____
_____
_____

* Complete lo siguiente para que mejor describa sus metas

En un año quiero estarle ministrando a _____ niños. Quiero ver _____ salvaciones al año.

Estoy creyendo a Dios que el me va a ayudar a hacer lo siguiente:

Versículos Memorizados

Llaves Para Enseñar Versículos

1. Repetición.
Repítalo, repítalo, y repítalo otra vez. Martille las palabras hasta que lleguen a casa.

2. Impacto Visual
Escriba el versículo sobre unas tarjetas grandes. Haga dibujos. Permita que los niños vean el versículo para memorizar.

3. Refuerzos auditivos.
Dígalo en diferentes maneras, en diferentes momentos. Haga que un personaje en un drama o un títere repita el versículo. Haga que todos lo repitan cuando suene el pito.

* Dilo incorrectamente y permita que los niños le corrijan. Por ejemplo: "Mi Dios suplirá varias de sus necesidades de acuerdo a sus riquezas en gloria, por medio de Cristo Jesús."

* Use sonidos para ilustrar los versículos. Por ejemplo: De repente vino del cielo un estruendo como de un viento recio que soplaba, el

cual llenó toda la casa donde estaban sentados. (Hechos 1:2) En vez de decir un estruendo como de un viento recio, haga que los niños hagan el sonido de el viento recio.

4. Competencias
Competencia amigable entre niños y niñas muchas veces obra bien. ¿Quién puede decir el versículo mas rápido? ¿Mas Recio? ¿O mejor?

5. Participación personal
Cante una canción que contenga las palabras del versículo. Use lenguaje de señales para enseñar el versículo. Use acciones para ilustrar el versículo. Por ejemplo: frecuentemente enseñamos Lucas 10:27 usando acciones así: *Amaras* (ponga sus manos sobre su corazón) *al Señor tu Dios* (apunte hacia el cielo) *con todo tu corazón* (pon manos sobre su corazón) *con todas sus fuerzas* (Muestre acción de hombre fuerte flexionando los músculos) *y con toda su alma* (toquese la barriga con las dos manos) *y a tu prójimo* (apunte a los vecinos) *como a ti mismo* (apunte a si mismo) Lucas 10:27 (habra sus manos como un libro.)

Los niños pueden aprender el versículo y no entender lo que quiere decir. Haga que el sentido sea claro y que puedan aplicarlo a sus vidas.

Congelo de Palabras
El siguiente es un juego que le permite repetir el versículo 50 veces en 10 minutos y al mismo tiempo divertirse.

Es el juego del semáforo. Haga que los niños que van a participar hagan una línea al otro lado del salón o de la plataforma. Usted se para dándoles la espalda al otro lado. Tiene que decir Luz roja, verde, uno dos y tres. Al decir eso usted está de espaldas a ellos y

Alcanzando los Niños del Mundo para Cristo

ellos están tomando pasos hacia usted. Cuando usted voltea tienen ellos que parar y el que usted vea mover se sale del juego. Tiene que repetir esto hasta que un niño lo haya alcanzado a usted y le tose. Claro que este juego se usaría usando el versículo en vez de decir luz roja, verde uno dos y tres. Acuérdese que los participantes solo se pueden mover cuando usted esta de espaldas y mientras que usted esta diciendo el versículo. Al voltear usted todos ya deben de haber parado. El que se mueva cuando no se esté recitando el versículo se sale del juego o puede seguir jugando pero tiene que comenzar de nuevo.

Mira hacia el otro lado de los concursantes(los jugadores) y comience a decir el versículo que están memorizando. Grite "Congelados" y rápidamente de la vuelta mirando los a ellos nuevamente. Cualquiera que usted vea al moviéndose cuando usted da la vuelta tiene que regresar a la línea y comenzar de nuevo.

Al acercarse los niños a usted, usted hace el juego mas difícil que ellos le llegan a tocar al dar usted porciones mas pequeñas del versículo. Después que tenga un ganador, vuelve y juega otra vez!

El Ejercicio de La Espada
Dile a todos los niños que mantengan la Biblia con el lomo del libro sobre sus cabezas. El maestro dice la referencia de un versículo de la Biblia. El primer niño de encontrar el versículo en la Biblia y traerlo a delante al maestro, apuntando con su dedo al versículo, es el ganador.

Por ejemplo el maestro dice "Juan 3:16," Los niños buscan Juan rápidamente y apuntan al versículo. El primero en llegar al maestro el ganador! Esta es una manera fabulosa en presentar el versículo.

Caja de Herramientas para el Ministerio

Dispare de versículo
Esto es un juego como en el día de los vaqueros del Oeste. Después de memorizar el versículo, los niños pueden competir contra cada otro para que el ganador se gane un premio. Traiga a dos niños que se saben el versículo adelante. Cuando el maestro dice dispare, ellos toman cuatro pasos, dan la vuelta y dicen el versículo lo mas rápido posible. El primero de decir el versículo primero es el ganador!

Revuelto de versículo
Haga dos copias del versículo sobre un papel. Cada palabra del versículo esta sobre su propia hoja de papel. El papel puede pegarse a la pared. El papel puede ser pegado a la pared con una cinta o puede ser colgado sobre un cuadro de franela con cinta que agarra sobre la franela.

Haga dos equipos. Revuelva el versículo o sea las palabras que están sobre las hojas. Cuando el maestro da la palabra, los niños comienzan a desenvolverlo o sea ponerlo en orden. El primer equipo que tenga su versículo en la orden correcta es el ganador!

Cómo Guiar a Sus Niños al Señor Jesucristo

Mantenga el Evangelio de una manera simple. Estos son los puntos importantes que los niños entiendan.

1. El niño tiene que saber que ha pecado y tiene que tener el deseo de no pecar.

2. El niño debe de creer que el Señor Jesucristo a pagado el precio de sus pecados.

3. El niño debe de aceptar a Jesucristo como el Señor de su vida.

Aquí hay cinco pasos simples con acciones que pueden ser usados para enseñarle a los niños sobre el mensaje de salvación.

Use su mano como un objeto de enseñanza.

1. Yo soy pecador. (Apunte a si mismo con su de dedo gordo)

2. Jesús me ama (Apunte hacia el cielo.)

3. Jesús murió por mis pecados. (Muestre los tres dedos del centro. Jesús murió entre dos rateros)

4. Yo acepto a Jesús (Muestre el dedo del anillo. Cuando una niña toma un anillo de un muchacho esto significa que ella lo acepta en matrimonio.)

5. Ahora tengo vida eterna. (Presente su dedo pequeño y ese lo representa a usted.)

Después de enseñarle a los niños estos puntos importantes, pregúnteles que cuantos están listos para ser salvos. Explíqueles que cuando Jesús viene a morar en ellos, ellos no necesitan ser salvos nuevamente. Ahora pregúnteles que cuantos nunca han recibido o sea aceptado a Cristo como su salvador y si quieren recibirlo hoy.

Frecuentemente los niños levantarán las manos solamente para complacer al adulto. Hágales a los niños varias preguntas para que logren a entender lo que están haciendo. Solamente una decisión dirigida por el Espíritu Santo perdurará.

¿Qué es el Pecado?

Pecado es algo que hacemos que Dios odia. Dígale a los niños que le den unos ejemplos de pecado. (La mentira, el robar, la desobediencia, el pelear, la matanza.) Los niños siempre mencionan las cosas que ellos saben que son malas. Enfatice que todos han pecado y caído de la gloria de Dios. Todos los niños saben que ellos han hecho mal.

"Porque la paga del pecado es muerte, mas la dadiva de Dios es vida eterna por medio de Jesús Cristo nuestro Señor" (Romanos 6:23). Explique que la paga del pecado es muerte. El pecado tiene que ser castigado. El desobedecer a sus padres trae un castigo, y el pecado finalmente resulta en muerte.

¿Quien es Cristo Jesús?

Dios dijo, *"Este es mi hijo amado, en quien tengo complacencia"* (Mateo 3:17). Jesucristo es el hijo unigénito de Dios. Dios es el creador de todo el universo.

¿Tuvo Jesús que morir sobre la cruz?

Dios no quería que nosotros muriéramos y por eso mando a su único hijo a la tierra para que el muriera por nosotros. Jesús nunca hizo nada malo, así que el no mereció ser castigado. Pero, el llevó nuestro castigo. Cuando Jesús murió en la cruz, el pago el precio por todo el mal que hayamos hecho.

¿Todavía esta Jesucristo Muerto?

"Porque primeramente os he enseñado lo que asimismo recibí: Que Cristo murió por nuestros pecados, Conforme a las Escrituras" (1 Cor 15:3-4). No! Jesús resucitó de los muertos después de tres días. Ahora el está en el cielo sentado a la diestra del padre, intercediendo por nosotros. Eso quiere decir que él le esta diciendo al padre que somos perdonados.

¿Cómo puedo ser salvo de mis pecados?

"Porque por gracia sois salvos por medio de la fe; y esto no de vosotros, pues es don de Dios" (Efesios 2:8).

Jesús nos salvará de toda cosa mala que hayamos hecho si lo hacemos al Señor de nuestra vida. Cuando hacemos a Cristo el Señor de nuestras vidas hacemos un acuerdo de servirle a amarle. Nos convertimos en hijos de Dios. Todo lo que Dios tiene se vuelve también nuestro. La salvación quiere decir que estaremos con Dios por la eternidad.

La salvación es un don gratuito de Dios, lo único que tenemos que hacer es aceptarlo. Es como un regalo de navidad que está todo empacado. Nos pertenece pero nunca tendremos la experiencia si no habrimos el regalo.

¿Cúando es un buen tiempo par ser salvo?

"Que si confesamos con nuestra boca que Jesús es el Señor, y creyeres en tu corazón que Dios le levanto de los muertos serás salvo" (Romanos 10:9).

Lo único que tienes que hacer es es pedirle que sea el Señor de su vida. Él vendrá y morará dentro de ti. Él será su mejor amigo. Él morará contigo para siempre. La manera de pedirle que entre y viva en ti es orando. Diga "Amando Dios, Pérdoname todas las cosas malas que le hecho. Por favor, pérdoname, Jesús, te hago el Señor de mi vida. Te servire para siempre. En el nombre de Jesús, Amen"

A veces los niños sentirán que necesitan subir al altar muchas veces. Esto puede ser porque saben que han vuelto a pecar, y quieren ser perdonados nuevamente. O tal vez quieren hacer un entrega mas profunda porque ahora entienden un nuevo aspecto de la salvación.

"El dijo, No te desamparare, ni te dejare" (Hebreos 13:5). Expliqueles que Jesús nunca les desamparará ni les dejará. Ya cuando Jesús esta viviendo dentro de nosotros, él nunca, nunca nos dejará. Esto quiere decir que solo tenemos que ser salvos una vez. Si pecamos nuevamente lo único que tenemos que hacer es confessar ese pecado a Jesús y Dios nos perdonará el pecado. *"Así os digo que hay gozo delante de los Ángeles de Dios por un pecador que se arrepiente"* (Lucas 15:10). La Biblia dice que si un pecador llega al conocimiento de Dios, los Ángeles en el cielo regocijan. Cuando

Alcanzando los Niños del Mundo para Cristo

un niño dedique su vida al Señor haga una fiestita.Eso es el milagro más grande que hay.

Esté seguro de usar la Biblia para respaldar todo lo que dice. Es importante que los niños sepan que todas sus palabras estan basadas sobre la autoridad de la palabra de Dios. Ellos tienen que poner su fe en Dios y no en usted.

Idea Creativa- Jesús esta tocando!

"He aquí, yo estoy a la puerta y llamo; si alguno oye mi voz y abre la puerta, entrare a el, y cenare con él, y él conmigo" (Apocalipsis 3:20). Después de orar con los niños para salvación, hágalos dibujar una puerta sobre sus corazones. Dibujen una perilla de una puerta. Dígale a los niños que abran las puertas y digan "Jesús, entra hoy, ven y quédate. Amen." Cierre la puerta. Saque la llave y ponle candado a la puerta. Jesús nunca se irá así que no necesitamos la llave más. Cuando cuente a tres, tire la llave lo mas lejos posible. Regocijen!

HERRAMIENTAS CREATIVAS

1. Payaseando para Cristo

Bases Bíblica para Payasos
"El gozo del Señor su fortaleza es" (Nehemias 8:10).
"Regocijaos en el Señor siempre. Otra vez digo: Regocijaos!" (Filipenses 4:4).
"El corazón alegre constituye buen remedio, mas el espíritu triste seca los huesos" (Proverbios 17:22).

¿Porqué debes de usar payasos?
Los payasos atraen atención y generan entusiasmo. En este día de vista y sonido donde la televisión es tan prominente, necesitamos algo para obtener la atención de los niños. Los payasos son perfectos para esto. Un payaso puede ser el vehículo perfecto para comunicar el evangelio en una manera que el mundo secular puede entender.
El ministerio de payasos es "Payaseando que ministra." Hay una diferencia entre payaseando y alguien que esta disfrazado de payaso. Un payaso dice y hace cosas chistosas. Ellos traen amor y entusiasmo a cada situación.

Caja de Herramientas para el Ministerio

Aquí hay algunos aspectos importantes sobre el arte de payasear.

* Maquillaje de Payaso
El maquillaje es importante. La gente le identifica por su cara y su cara es lo que más ve la gente. Su maquillaje debe de realzar sus expresiones faciales y ayudar a proyectar sus emociones desde lejos.

* Disfraz de Payaso
El disfraz expresa quien y queeres. Escoja ropa graciosa y brillante. Encuentre un gorro gracioso o una peluca. Tome algo simple y decórelo con botones grandes, lazos, cuellos, tirantes y
cualquiera otra cosa que encuentres.

* Personaje del payaso
El personaje es el elemento más importante al payasear. Un payaso sin personaje es como una persona sin personalidad. Su payaso puede ser una exageración de su propia personalidad. El personaje de su payaso es un personaje que usted crea que tiene gustos y cosas que no le gustan, metas, deseos, fuerzas y debilidades. La gente quieren ver no solo bombas o globos, trucos y juegos malabares. Sea real, camine chistoso (gracioso), haga muecas o haga caras tontas, relaciónese con los niños por mendio de su personaje.

* Accesorios de payaso
Los accesorios son las herramientas de el payaso. Son usadas para crear y atraer atención, para entretener, y para enseñar la lección. Es mejor añadir todas las herramientas que sean posibles.

Tipos de accesorios incluyen los siguientes:
* Cosas chistosas de vista. (Una sombrilla pequeña puesta sobre un palo largo.)
* Accesorios invisibles. (Juegue con una bola invisible o pase bom-

Alcanzando los Niños del Mundo para Cristo

bas o sea globos invisibles)
* Unos requieren de ciertas habilidades (juegos malabares)
* Accesorios Gigantes (Persiga un zancudo con un mata zancudos gigante.)
* Accesorios de música (Pitos, Harmónicas, Guitarras, panderetas, y acordeones)
*Accesorios que enseñan una lección. (El libro sin palabras)
* Obras teatrales

Las obras teatrales pueden ser usadas con el propósito de ministrarle a un mundo perdido. Las parábolas de Jesús son un gran recurso para el material.

Use los payasos con el pleno propósito de ministrarle a un mundo perdido. Recuerde porque está actuando y permita la dirección del Espíritu Santo.

2. Presentando Dramas

Shakespeare una vez dijo "El mundo es un escenario y todos los que están sobre el son actores." El drama es una foto de la vida real. Las dramatizaciones se pueden usar para ilustrar un mensaje, para visualizar el evangelio, para dar a conocer un tema que es difícil de explicar o entender. Las dramatizaciones son una foto de la vida que vale mil palabras.

Puntos Importantes para recordar cuando se hacen dramatizaciones
* Llene el salón con su voz.
Si nadie le oye el drama no tiene razón de ser. Proyecte su voz hacia la parte trasera del cuarto o use un micrófono. Hable recio y con todo el poder de su diafragma.

Caja de Herramientas para el Ministerio

* Muévase!
Tome Pasos! Brinque! Cada drama se ve mejor cuando usa el espacio disponible.

No tenga temor de hacer movimientos exagerados. Use lenguaje con su cuerpo exagerado. Acuérdese, que usted necesita hacer todo diez veces mas exagerado que lo normal para que el público vea lo que usted esta haciendo. En vez de hacer un gesto pequeño, haga un gran movimiento con su brazo.

* Conozca su drama no solamente sus líneas.
Entienda bien el propósito de su drama. Si es una historia Bíblica, léala varias veces antes de la presentación. Si a alguien se le olvida sus líneas La dramatización puede continuar si todos se saben el punto central del drama.

* Desarrolle su personaje.
¿Cómo se siente super sonaje? ¿Como actuaría él en cierta Situación? ¿Que emoción está tratando usted de relatar al público?

* No le vuelva la espalda al público.
Su espalda es aburrida. El público quiere ver su cara. Cuando esta hablando con su compañero actor, párese a un ángulo de 45 grados y mantenga el contacto de sus ojos con su público. Diga sus líneas hacia el público y de vez en cuando mire a sus actores compañeros.

* Use disfraces.
Los disfraces le añaden credibilidad a su personaje. Use los disfraces lo más frecuente posible. Use más que una bata. Añádale lentes, sombreros, tirantes, bastones, pelucas, o lo que necesites para que hagas tu personaje más real y apasionante.

El actuar de las historias Bíblicas le ayudará a los niños a visualizar

Alcanzando los Niños del Mundo para Cristo

la Biblia en una manera real. La dramatización de una escena contemporánea puede ayudarle a los niños a que identifiquen sus problemas con las soluciones de la vida real. Haciendo dramas con música grabada puede darle un mensaje poderoso a la vida. En breve, el drama es una importante herramienta para ministrar.

3. Usando Personajes Disfrazados

Los personajes disfrazados son muy divertidos. Para los niños, la parte mas memorable de los parques de diversión no son las maquinas de montar, son los personajes que toman vida. Animales grandes y otros personajes realmente cautivan la atención de los niños. Puedes usar estos personajes para atraer atención en cualquier lugar.

Aquí hay algunas formas creativas de usar personajes disfrazados:

* Úselos para saludar y darle la bienvenida a la gente cuando llegan a la iglesia.

* Los personajes pueden marchar en desfilar.

* Ellos pueden repartir folletos en un vecindario par invitar a los niños que vallan a la iglesia.

* Úselos para contar una historia Bíblica fracturada.

* Úselos para enseñar las acciones de los cantos o para enseñar el versículo.

Los personajes le ministran a los niños al demostrarles atención y darles amor. Ésta es una oportunidad para que los niños puedan sentirse especiales y amados. Al saludar, los personajes pueden saludar dando la mano, saludar con la mano en el aire, abrazar a la gente, y bailar. El personaje refleja el amor de Jesús por medio de sus accio-

nes. Tome el tiempo de ministrarle a la más gente posible.

Es importante desarrollar el personaje disfrazado dentro de si mismo. Solo poniéndose un disfraz no quiere decir que es usted un personaje. El personaje proviene de varios componentes importantes. Estos incluyen: personalidad, manera de caminar, acciones exageradas, escenas, y manerismos repetidos. Esfuércese para hacer que su personaje sea un individuo único.

Aquí hay unas cosas importantes para recordar:
* Siempre exagere los movimientos de su cuerpo. El personaje es grande así que sus movimientos deben de ser grandes. Sus movimientos deben de ser grandes para que lo puedan ver. Debe expresarse por medio de sus movimientos.

* Motive a los niños moviéndose energéticamente. Siempre esté moviéndose y sea bien animado, actúe en una manera bien viva!

* Mantenga puesto su disfraz a todo momento. No deje que los niños le vean sin su cabeza. Eso le puede causar miedo. El disfraz crea una ilusión. Los niños ven una caricatura que esta viva. Si le ven sin sus guantes, eso le echa a perder la diversión. No se quite ninguna parte de la caricatura a no ser que usted este en un área designada con puertas cerradas.

* Es una buena idea tener una persona real y sin disfraz a lado de su personaje disfrazado para protegerle. Sino, los niños trataran de jalarle la cola o quitarle la mascara. Un poco de protección es mucha ayuda.

* Tome bastante líquidos. El disfraz acalora bastante. El agua le permitirá mantenerse energético.

4. Presentando Títeres Poderosos

Los títeres son como personas pequeñas. Usted puede hacer que los títeres mismos tomen vida. Entre mas real se vea su títere mas podrá usted mantener cautivada la atención de su audiencia. Esto quiere decir que debe de usar brazos con una vara, los accesorios apropiados, tanto como las acciones apropiadas para crear una ilusión que su títere es verdadero que tiene vida. La meta de los títeres es el realismo.

Use títeres para cantar canciones, contar las historias Bíblicas, hacer dramas, ser el maestro de ceremonias, e ilustrar puntos importantes. La ventaja principal de los títeres es que una persona puede crear diferentes personajes. La versatilidad puede añadir profundidad y variedad a cualquier tipo de programa.

Los siguientes son puntos importantes de recordarse cuando se manejan títeres:

* Use una voz buena
La voz puede ser grabada o en vivo. Si es en vivo, este seguro que la voz complemente el personaje de su títere. La cara y apariencia de su títere ya da ideas preconcebidas de como debe sonar la voz de su personaje en la mente de su público. Nos los decepcione. Use una variedad de acentos, tonos, volumen.

* Mueva la boca apropiadamente
Meta su mano en la boca del títere. Cuatro dedos deben estar en la parte de arriba de la boca y su dedo pulgar debe estar en la parte de abajo de la boca, debajo de la supuesta mandíbula. Es importante mover su pulgar hacia bajo sin mover sus cuatro dedos hacia arriba. Si los dedos se mueven hacia arriba la cabeza del títere resulta mirando hacia arriba. Eso no da una apariencia realista. Mantenga una buena postura manteniendo su brazo derecho.

Buena manipulación o manejo de la boca depende de la sincronización entre las palabras del títere y el movimiento de la boca del títere. Esto se llama sincronización Labial. Tiene que abrir y cerrar la boca del títere junto con las palabras que esta hablando.

* Buen Contacto de Ojos
El títere tiene que mirar a su público. Si la plataforma es alta, el títere tiene que mirar hacia abajo. Un problema común de los que están usando los títeres por primera vez es que los títeres ven hacia arriba. Esto se corrige mirando hacia el publico.

* Entrando y Saliendo
La mejor manera para que se aparezca el títere es haciendo como que el títere esta subiendo escaleras. Esto se hace manteniendo su títere derecho y detrás de usted y haciendo que el títere haga brincos dando la ilusión de que va hacia arriba como una rampa hacia el escenario. Con cada brinco que toma el títere, el títere se va acercando.

Al salir se requiere del mismo proceso, solo que ahora se hará al reverso. Voltee el títere, y haga que sus brincos sean hechos hacia abajo, o sea bajando las escaleras.

¿Nuestra Meta? Toda Alma!

Daniel & Jessica King

El Autor:

Daniel King y su esposa Jessica se conocieron en el centro de África, ambos estaban en un viaje misionero. Ellos son muy solicitados como conferencistas en iglesias y conferencias en toda América del Norte.

Su pasión, energía y entusiasmo son disfrutados por audiencias a donde quiera que vayan. Son evangelistas-misioneros internacionales que hacen festivales masivas, ganadores de almas, en países de todo el mundo. Su pasión por los perdidos les ha llevado a más de 50 naciones predicando el evangelio a multitudes que a menudo superan las 50 mil personas.

Daniel fue llamado al ministerio cuando tenía la edad de cinco años, y comenzó a predicar cuando tenía seis. Sus padres se convirtieron en misioneros a México cuando él tenía diez, y cuando él tenía catorce empezó un ministerio infantil que le dio la oportunidad de ministrar en iglesias de las más grandes de América, cuando todavía era un adolescente. A la edad de 15 años, Daniel leyó un libro en el que el autor motiva a la gente joven a ganar $1,000,000. Daniel reinterpreto el mensaje y decidió ganar 1,000,000 de personas para Cristo cada año.

Daniel es autor de veintiún libros incluyendo: El Poder de la Sanidad. El Secreto de Obed-Edom y el Poder del Fuego. Su libro Bienvenidos al Reino ha sido dado a decenas y centenas de miles nuevos creyentes.

Cruzadas de Milagros

Cruzadas de Milagros

Cruzadas de Milagros

DESCUBRE VALIOSOS RECURSOS

EL PODER DE LA SANIDAD

¿Necesitas sanidad? Este libro lleno de poder contiene 17 verdades, para activar su sanación hoy.

$20.00

EL PODER DEL FUEGO

Dentro de estas páginas usted aprenderá a ¿cómo tener el fuego de Dios? ¡Mantener el fuego de Dios! y a ¡Propagar el fuego de Dios!

$12.00

¡BIENVENIDOS AL REINO!

El libro perfecto para los nuevos creyentes. Aprenda cómo ser salvo, sanó, y entregado. (Disponible en descuentos por volumen).

$20.00

LLAME AL: 1-877-431-4276
PO Box 70113
TULSA, OK 74170 USA

VISÍTENOS EN EL INTERNET EN:
www.KingMinistries.com

La visión de King Ministries es de evangelizar a los perdidos, enseñar, capacitar y edificar el cuerpo de Cristo en todo el mundo.

Si quisiera que Daniel King visite su iglesia, escriba:

King Ministries International
PO Box 701113
Tulsa, OK 74170 USA

King Ministries Canada
PO Box 3401
Morinville, Alberta T8R 1S3 Canada

O llame al:1-877-431-4276
(en los Estados Unidos)

o visítenos en el Internet en:
www.kingministries.com

E-Mail:
daniel@kingministries.com

www.ingramcontent.com/pod-product-compliance
Lightning Source LLC
Chambersburg PA
CBHW071753040426
42446CB00012B/2530